AF561869

LA FRANCE

ET

LA GUERRE DE 1870.

LA FRANCE

ET

LA GUERRE DE 1870,

PAR

E. VALLÉE,

Ancien élève de l'École polytechnique.

« Ne fais pas à autrui ce que tu ne
« veux pas qu'on te fasse. »

ORLÉANS,

IMPRIMERIE D'ÉMILE PUGET ET Cie, RUE VIEILLE-POTERIE, 9.

1871.

LA FRANCE

ET

LA GUERRE DE 1870.

CONSIDÉRATIONS PRÉLIMINAIRES.

De même qu'un peuple se personnifie dans sa littérature, il se caractérise dans son journalisme qui est une espèce de littérature cursive.

En France, la presse périodique a été longtemps une arène où les hommes politiques luttaient loyalement, et avec éclat, pour le triomphe de leurs principes. Malheureusement le journalisme n'a pas su se maintenir à ce niveau ; depuis une trentaine d'années, il est tombé presque tout entier dans le domaine industriel, et il est devenu, de jour en jour, moins scrupuleux. Pour faire ses affaires, il répand les bruits les plus mensongers ; il colporte les plus ignobles calomnies; il assaisonne le tout de quelques vérités critiques et autres, et il n'adopte ni ligne politique, ni ligne philosophique, ce qui le gênerait dans les évolutions nécessaires à son commerce.

D'ailleurs, sous le prétexte que la presse périodique n'a plus de consistance, on s'est accordé à négliger sinon à mépriser ses attaques. Les gens honnêtes et intelligents, comme les malfaiteurs et les incapables, drappés dans le même dédain, se sont laissés, suivant l'expression consacrée, *éreinter* sans répondre, et maintenant, encore, il n'est pas de mauvais goût de tout laisser dire de soi sans descendre à une justification qui paraîtrait accorder une certaine valeur aux propos dont on a fait les frais.

Cette coutume, parfaitement hostile au journalisme respectable, qu'elle enveloppe, avec l'autre, dans un soupçon uniforme d'indélicatesse, est tout à l'avantage des malfaiteurs et des incapables. Elle les laisse vivre confondus avec les gens honnêtes et intelligents et leur permet de poursuivre impunément, dans les journaux à leur discrétion, la démolition de n'importe qui, au grand dommage du public, qui ne sait plus à qui accorder sa confiance, quand il est forcé d'en disposer, et qui la donne souvent à des drôles, vu leur complète similitude extérieure avec des gens respectables.

A côté de l'opinion qu'il faut se laisser vilipender par les journaux, sans s'émouvoir, il s'en est propagé bien d'autres aussi funestes.

La multitude éclairée s'en va répétant : « N'écrivez « pas ! Rien n'est dangereux comme de mettre sa pensée « sur le papier. » C'est passé en axiôme.

On ne voit pas ce qu'un digne homme peut gagner à ne laisser aucune trace de ses actes. Quant aux malfaiteurs et aux incapables, c'est différent. Ils ont tout intérêt à ce qu'on ne puisse jamais convaincre les uns d'imposture, les autres d'ineptie, et il est visible qu'ils sont les principaux auteurs de l'usage de ne pas se lier par des écrits.

Les malfaiteurs et les incapables ont encore popularisé une idée qui leur est particulièrement profitable et qui se traduit par ces mots : « A quoi sert de récriminer ? »

Un plaideur succombe du fait d'un officier ministériel acheté par son adversaire. Furieux, il veut se plaindre. Survient un officieux qui lui dit d'un air convaincu et bon homme : « A quoi sert de récrimer ? »

Un ingénieur gaspille les fonds publics par une négligence qui compromet l'entretien des routes. Un passant, qui a failli se noyer dans les ornières, veut se plaindre. L'officieux convaincu et bon homme arrive et lui dit : « A quoi sert de récriminer ? »

Une Compagnie de chemin de fer, sans scrupule, expose la sécurité des voyageurs pour réaliser quelque sordide économie sur son personnel. Un estropié, victime de cet odieux trafic, veut se plaindre. Il voit apparaître l'officieux convaincu qui lui dit : « A quoi sert de récriminer ? »

Un contribuable va verser son argent dans une caisse publique. Il est reçu comme un chien dans un jeu de quilles. Il sort agacé pour se plaindre. Il rencontre l'officieux bon homme qui lui dit : « A quoi sert de récriminer ? »

Un général n'étudie ni le pays où il opère, ni les mouvements de l'ennemi, ni ceci, ni cela, ni rien. Il engage ses troupes à l'aventure et les fait écharper. Un débris échappé du carnage songe à livrer l'impéritie du chef coupable au mépris public. Il trouve l'éternel officieux qui lui dit : « A quoi sert de récriminer ? »

Un Ministre dilapide les ressources du Trésor. Il laisse dans l'oubli ou met dans la disgrâce tous les agents méritants pour favoriser les fripons. Un publiciste édifié sur ces turpitudes veut les dévoiler. L'inévitable officieux vient et lui souffle dans l'oreille : « A quoi sert de récriminer. »

Il n'est pas nécessaire de se torturer l'esprit pour voir que le triomphe de cette rangaine, c'est le règne des malfaiteurs et des incapables. A la vérité, il n'y a pas que les coquins et les imbéciles qui fassent le mal. La nature humaine est sujette à l'erreur et l'on a vu les mieux intentionnés faire fausse route.

Au profit de ces martyrs de la force majeure l'intention plaide les circonstances atténuantes. Mais, pour distinguer le scélérat, endurci dans le vice, de l'homme de bien, trahi par la fortune, il faut que le procès s'instruise, ce qui impose à tous les témoins l'obligation rigoureuse d'apporter leur déposition devant le tribunal de l'histoire.

Envisagée à ce point de vue, la récrimination n'est plus la manifestation d'une impuissante malveillance. C'est la torche qui porte le jour sur les faits, dégage les uns d'une solidarité malsaine, attache les autres au pilori de l'opinion, et rend chacun responsable de ses propres actes. Ainsi comprise, la récrimination est un devoir pour tous ceux qui respectent la justice.

Récriminons donc !

DÉCLARATION DE GUERRE.

Dans une mémorable séance du Corps Législatif, M. Thiers, s'adressant au Gouvernement de Sa Majesté Napoléon III, lui a dit : « Il ne vous reste plus une seule faute à commettre. »

M. Thiers se trompait. La seconde édition du Gouvernement impérial revue, mais non corrigée, avait encore, en fait de fautes, des ressources intarissables et elle y a si largement puisé qu'elle a fini par s'en faire mourir.

Parmi les fautes que ce Gouvernement a commises *in extremis*, nous n'en signalerons qu'une.

Il est constant que notre auguste Empereur attendait en vain, depuis plusieurs années, l'occasion de chercher une querelle d'allemand à son bien aimé frère, le roi de Prusse, lorsque le célèbre maréchal Prim a eu l'ingénieuse idée de placer à la tête de son pays un prince de la souche des Hohenzollern. Napoléon III s'est empressé de se formaliser du projet de mettre un prussien sur le trône d'Espagne. Il a déclaré la guerre au chef de la famille du prince candidat. Ce chef n'a pas eu de peine à suggérer à l'Allemagne, à l'Europe et au monde entier que le nouvel

Empire français brûlait du désir de recommencer les débauches militaires de l'ancien. Les allemands se sont levés en masse pour tomber sur la France. Elle n'a été soutenue par personne. Nous savons aujourd'hui ce que la fantaisie despotique de notre glorieux Empereur nous a coûté.

Un peuple n'est pas autorisé à s'immiscer dans les affaires d'un autre peuple pour lui imposer tel ou tel gouvernement, et si la France eût été républicanisée, comme la Suisse, jamais nous ne nous serions inquiétés de savoir qui les espagnols voulaient substituer à la reine Isabelle.

Un Empereur, n'ayant de commun qu'un malentendu avec la nation qu'il gouverne, n'est pas astreint comme elle le serait, si elle se gouvernait elle-même, à se mouvoir suivant les règles du sens commun et personne n'a été en droit de trouver à redire à ce que notre puissant Souverain ait tenu à se mêler de la moderne question soulevée par la succession au trône d'Espagne.

La France impériale, qui avait été au Mexique pour y planter une dynastie, pouvait bien aller en Espagne pour en abattre une autre, et rien n'était plus d'accord avec les traditions monarchiques que de se lancer dans une telle aventure. Mais ce qui a été piètre, c'est la route que Sa Majesté Napoléon III a jugé à propos de suivre pour faire prévaloir sa volonté en Espagne.

Le premier venu, s'il avait été à la tête d'un *grand peuple,* suivant la formule usitée, et s'il avait été assez gonflé pour risquer d'en compromettre la prospérité dans une équipée semblable, aurait adressé au Gouvernement provisoire espagnol une espèce d'ultimatum qni se serait résumé ainsi :

« Je suis le chef d'une *grande nation.*

« Vous avez manifesté la pensée de vous donner pour « Roi un Monsieur Hohenzollern, dont je n'aime pas les « parents.

« Je vous avertis que si vous réalisez votre pensée, « j'irai à Madrid mettre ce Monsieur à la porte et tirer les « oreilles de ses partisans, afin de les décider à choisir *li-* « *brement* un autre Monarque.

« Je vous répète que je suis le chef d'une *grande* « *nation.*

« J'ai dit. »

Ce langage aurait été outrecuidant, sauvage, atroce, tout ce qu'on voudra, mais il n'aurait pas été absurde, et, forcément, il aurait amené une des solutions suivantes :

Première Solution. — La Prusse n'intervenant pas, l'Espagne aurait filé doux et renoncé à se faire gouverner par le prince de son choix.

Dans ce cas, l'Empereur Napoléon III triomphait sur toute la ligne.

Deuxième Solution. — La Prusse s'abstenant encore, l'Espagne aurait persisté à mettre sa couronne sur la tête du prince et dégainé.

Dans ce cas, peu probable, la France entrait en lutte avec l'Espagne, qui n'est pas positivement bien dans ses affaires, un peu grâce à nous, il faut en convenir, et qui ne nous aurait certainement pas écrasés, si nous ne l'avions pas vaincue.

Troisième Solution. — L'Espagne s'abstenant, la Prusse aurait pris fait et cause pour son prince.

Dans ce cas, c'était la guerre avec la Prusse, mais avec la Prusse *seule*, car le roi Guillaume Ier n'aurait jamais pu persuader aux autres rois et aux princes, ses alliés, qu'il prétendait placer un de ses parents sur le trône d'Espagne pour empêcher la France d'aller à Berlin.

Quatrième Solution. — L'Espagne et la Prusse se seraient alliées contre la France.

C'eût été la combinaison la plus redoutable ; mais si redoutable qu'elle fût, elle l'eût été moins que ce qui est arrivé. Elle ne nous aurait, en effet, mis sur les bras qu'une partie de l'Allemagne, l'autre comprenant que, dans une guerre où son indépendance n'était pas menacée, ce qu'elle pouvait faire de mieux c'était de s'abstenir. Par la scission de l'Allemagne en *belligérants* et en *neutres*, la lutte aurait perdu ce hideux caractère de guerre de race, qui l'a rendue si bestiale et si effroyable. Le conflit, circonscrit dans les limites précises d'une question dynastique débattue entre l'Espagne, la Prusse et la France, sans inspirer, c'est probable, beaucoup de sympathie pour notre pays, qui se laissait frivolement entraîner par son gouvernement dans une équipée puérile, au lieu de soulever, partout, la répulsion, ne nous aurait exposés qu'à l'indifférence, et peut-être, même, qu'en raison de nos attaches antérieures, nous aurions encore pu trouver quelque appui.

Il est donc hors de toute contestation, malgré les sophismes des pièces diplomatiques, que l'affaire Hohenzollern, inique, en principe, a été engagée en dépit du bon sens.

Qu'on ait l'esprit si perverti que ce soit par la pratique du plus parfait judaïsme, on ne peut pas se refuser à reconnaître ce qu'il y a d'immoral et d'insensé à rendre un peuple responsable de la politique d'un autre. Or, en déclarant la guerre à la Prusse, pour un acte accompli en Espagne, le Gouvernement français a prétendu imposer aux allemands la responsabilité de la politique des espagnols, c'est manifeste.

Un braque qui aurait été gifflé par un individu, devant un tiers, pourrait dire à celui-ci : « J'ai été gifflé en votre « présence et vous n'avez rien fait pour empêcher l'affront « que j'ai reçu. Je ne m'en prends pas à celui qui m'a gifflé, « mais je vais, *d'un cœur léger*, en découdre avec vous. »

Est-ce qu'on oserait approuver ce procédé, lors même qu'il existerait une haine séculaire entre le gifflé et le témoin de sa mésaventure ? Assurément non !

Eh bien ! Répétons-le, en déclarant la guerre à la Prusse, parce que l'Espagne prenait un prince Prussien pour roi, le Gouvernement français, cédant à une animosité irréfléchie, n'a pas fait autre chose que d'exiger, pour un prétendu affront que lui faisait la nation espagnole, une réparation du peuple prussien, lequel, pas plus que les autres allemands, n'était intervenu dans le vote des Cortès. Aussi, non seulement, au début de la guerre, aucune nation n'a voulu prendre le parti de la France, mais tous les peuples lui ont tourné le dos, et, conséquence terrible d'une faute irréparable, qui atteste, une fois de plus, qu'on ne viole jamais impunément les principes, notre pauvre pays, la première et la plus triste victime du Gouvernement du *Deux Décembre*, rendu solidaire de la duplicité de ce Gouvernement, est resté suspect et isolé même après sa chute.

Aujourd'hui, au milieu des ruines amoncelées sur la

France par le régime Impérial, faut-il se réjouir ou s'affliger de la faute qui l'a conduit à sa perte? L'hésitation n'est pas permise, et, si cher que nous coûte la délivrance, qu'elle soit la bienvenue.

ENTREVUE DE FERRIÈRES.

Malheureusement les effets d'un système pernicieux ne disparaissent pas avec lui et l'influence du régime impérial a pesé, pèse et pésera encore longtemps, en France, sur les événements, qui s'enchaînent les uns aux autres, sur les hommes, qu'il n'a préparés ni à la vie politique, ni à la vie administrative, et sur les institutions, qui reflètent toujours l'esprit de leurs auteurs.

C'est ce qui explique, sans les justifier, les fautes commises depuis le 4 septembre 1870.

Lorsque M. Jules Favre, mu par son patriotisme, est allé, à Ferrières, demander la paix au grand chancelier de le confédération de l'Allemagne du Nord, celui-ci, sous une forme qui restera historique, lui a déclaré qu'il n'ouvrirait des pourparlers que si on admettait, préalablement, au nom de la France, le principe d'une cession territoriale dont l'importance serait discutée plus tard.

La prétention était roide. Elle a blessé M. Jules Favre dans ses sentiments de dignité nationale et, entraîné, il a répondu ces paroles plus fières que réfléchies :

« Ni un pouce de notre territoire, ni une pierre de nos forteresses. »

La guerre a continué en changeant de caractère. La nouvelle attitude que prenait la France aurait été autrement avantageuse, si M. Jules Favre avait dit au grand chancelier allemand :

« Vous voulez que la France admette le principe d'une « cession de territoire, comme préliminaire des pourpar- « lers de paix. C'est dur. Mais, enfin, nous avons à liqui- « der la situation qui nous a été faite par l'Empereur Napo- « léon III et nous devons nécessairement nous résigner à « des sacrifices. J'accepterai donc, au nom du Gouverne- « ment de la défense nationale, le principe d'une cession « de territoire, à la condition *expresse* que le suffrage « universel sera consulté dans les provinces à détacher de « la France, sur la question de savoir si, oui ou non, les « populations de ces provinces veulent changer de « patrie. »

M. Jules Favre aurait ajouté :

« Il tombe sous le sens, en effet, que le Gouver- « nement français, qui diffère en cela des *Gouverne-* « *ments monarchiques*, pense que ses pouvoirs ne vont « pas jusqu'à lui permettre de *vendre ou d'acheter des po-* « *pulations* et ne peut pas, conséquemment, disposer d'une « partie du territoire sans le consentement de ses habi- « tants. Nous consulterons donc, si vous l'avez pour agréa-

« ble, les citoyens que vous désirez germaniser, ou nous « continuerons la guerre. »

La question ainsi engagée, ou le grand chancelier aurait refusé la condition, ou il l'aurait acceptée.

Dans la négative, lui et ses patrons étaient toisés. Ils rompaient ouvertement avec le principe de la souveraineté populaire, dont la France restait le champion, et ils auraient eu beau soutenir qu'ils ne voulaient pas la guerre, on aurait vu la vérité à nu.

Dans l'affirmative, la guerre était finie et le sort de l'Alsace et de la Lorraine ne dépendait plus que des alsaciens et des lorrains.

En disant *notre territoire*, *nos forteresses,* M. Jules Favre s'est exprimé suivant la tradition monarchique. Au lieu de parler le langage de Louis XIV, M. Jules Favre devait se retrancher carrément derrière le principe démocratique de l'indépendance des peuples, qui n'autorise pas à disposer d'eux sans les consulter. Il aurait ruiné la maxime germanique du droit de la *force bestiale,* qui justifie tous les moyens, pourvu qu'ils réussissent, et il aurait, du même coup, percé à jour l'équivoque diplomatique sur laquelle le grand chancelier a échafaudé la fin de non-recevoir qu'il a opposée à la proposition de paix.

Il en a été autrement.

Est-ce-à-dire qu'il y ait lieu, pour cela, de blâmer les hommes qui se sont dévoués au salut de la France et qui ont eu le courage de ramasser son Gouvernement dans la boue sanglante où il gisait ? Non !

Ils ont fait ce qu'ils ont pu et nul n'est tenu à faire plus. Mais ils sont à plaindre, et le pays avec eux, d'avoir si peu fait pour avoir manqué de confiance dans leurs propres principes.

SCISSION DU GOUVERNEMENT DE LA DÉFENSE NATIONALE.

Après avoir repoussé, à Ferrières, les conditions que M. le comte de Bismark mettait à la paix, M. Jules Favre et les autres membres du Gouvernement de la défense nationale n'ignoraient ni les difficultés, ni les périls du moment.

Ils savaient :

Que la garde nationale mobile, institution bâtarde d'un pouvoir plus occupé de trouver des places pour ses créatures que des défenseurs pour la France, avait une mauvaise organisation. Qu'à peine rassemblée, cette troupe n'était ni habillée, ni équipée, ni armée, ni instruite. Qu'elle avait à sa tête beaucoup d'officiers sans habitude du commandement, peu connus de leurs hommes et aussi dépourvus qu'eux d'instruction militaire. Qu'elle ne constituait, en fait, qu'une force nominale et devrait subir une radicale transformation pour devenir solide.

Que la garde nationale sédentaire, improvisée en vertu de lois et de décisions incohérentes, mal étudiées et mal appliquées, armée partiellement, sans unité, sans ensemble, sans lien régulier avec les troupes de marche, était une milice moins à craindre pour l'ennemi que dangereuse pour la France, puisque, continuellement, sans pouvoir déployer une résistance efficace, elle fournissait à nos envahisseurs l'occasion de pénétrer de vive force dans les villages et dans les villes, de les désarmer, de les mettre à rançon après les avoir saccagés, et, parfois, de les incendier.

Que nos arsenaux, plus ou moins pourvus d'un matériel de guerre médiocre, au début des hostilités, étaient vides, ou peu s'en faut.

Que le service de l'intendance, qui n'avait jamais beaucoup brillé, depuis l'entrée en campagne, était complétement disloqué.

Que les chemins de fer nous échappaient et devenaient pour l'ennemi, qui savait s'en servir mieux que nous, de puissants moyens de concentration.

Que la corruption était profonde et que la démoralisation avait pénétré partout.

En face d'une situation pareille, accepter la *guerre à outrance* c'était, pour ainsi dire, prendre l'engagement *d'organiser* la victoire, et, pour atteindre ce but, ce n'est pas par des expédients qu'il fallait procéder.

Il fallait replier la France sur elle-même, tendre tous ses

ressorts, concentrer leur action dans une unité formidable et grouper le pays, dans une masse compacte, autour de son Gouvernement. Celui-ci n'a pas su mesurer l'étendue de sa tâche et n'a pas compris sa mission.

Au lieu de considérer Paris investi, non plus comme une capitale politique, mais comme une place de guerre où l'autorité militaire devait commander seule et dans laquelle il ne devait rester qu'un gouverneur, le pouvoir s'est scindé. Au risque de s'exposer, en imitant l'exemple donné par l'Empereur à Sedan, à tomber entre les mains de l'ennemi et à constituer, de la sorte, une complication de plus, (1) le Gouvernement s'est laissé enfermer dans Paris et n'a envoyé en province qu'une Délégation, qui, par le choix de ses membres, n'en représentait certainement ni la partie la plus jeune, ni la partie la plus agissante, ni la partie la plus populaire.

En s'isolant de la masse du pays, le Gouvernement a miné son action.

En se scindant il s'est suicidé.

Il a livré la nation, sans impulsion et sans guide, à une

(1) Si M. Jules Favre n'avait pas été en prison dans Paris, il aurait pris part, dès les premiers jours de Janvier, aux opérations de la conférence qui s'est réunie à Londres, pour les affaires d'Orient, et il n'aurait pas eu à demander à l'ennemi un sauf-conduit, qu'on lui a refusé.

anarchie impuissante. Involontairement, il a préparé les succès de l'ennemi mieux que ne l'ont pu faire ses meilleurs généraux.

Un mois environ après l'investissement de Paris, le Gouvernement a si bien vu la faute qu'il avait faite, qu'il a expédié, en ballon, un de ses membres pour aller, à Tours, injecter de la vitalité dans le système de la défense nationale. Ce périlleux mandat fut confié à M. Gambetta. Il a échoué, malgré son ardent patriotisme et ses brillantes facultés. Il n'avait ni la puissance d'organisation, ni le don de commandement que comportait la véritable dictature dont il s'était chargé. Il aurait possédé toutes les aptitudes imaginables, qu'il n'aurait peut-être pas réussi davantage. Il était trop tard !

La place de Metz allait capituler. Les deux cent mille Allemands retenus sous ses murs allaient venir, au cœur de la France, disperser, avant qu'elles se fussent aguerries, les armées qu'on rassemblait tardivement pour dégager Paris et qu'on s'est obstiné, trop longtemps, à lancer sur la capitale par Orléans et le plateau de la Beauce.

ÉLECTIONS.

S'il nous a été fatal que le Gouvernement n'ait pas compris qu'il devait rester uni pour être puissant; et qu'il devait fixer son siége au centre des provinces qui continuaient la guerre, pour leur inspirer la confiance indispensable au triomphe, il nous a été bien plus fatal encore que le pouvoir issu d'un mouvement populaire local n'ait voulu, d'aucune façon, retremper son autorité dans le suffrage universel de la nation entière.

On pouvait consulter le pays de deux manières. Par un plébiscite, ce qui eût été le plus expéditif, ou par une représentation nationale librement nommée, ce qui eût été le plus sage.

Il est certain que la voie plébiscitaire, qui ne peut pas être considérée comme un moyen régulier de Gouvernement, mais qui, dans un grand danger, peut devenir la seule praticable, est tombée dans le mépris, par l'usage que les deux Empires en ont fait. Il eût donc été impolitique de recourir à cet expédient aussitôt après la chute d'un pouvoir qui en avait si perfidement abusé.

Mais, qui empêchait de convoquer une Assemblée nationale ?

Hélas ! rien, et il a fallu, dans une semblable extrémité, oublier tous les principes pour ne pas prendre, sur le pays lui-même, le point d'appui de la résistance.

Au moment de l'entrevue de Ferrières, douze départements (1) étaient envahis, entièrement ou partiellement. Il y en avait donc soixante-dix-sept où l'élection restait libre. A supposer que les douze départements occupés se fussent totalement abstenus, la France aurait été représentée à la Chambre par les quatre-vingt-sept centièmes de sa population et c'eût été assez pour que personne ne fût fondé à contester la validité des votes de la représentation du pays.

Qu'a-t-on objecté à la nomination d'une Assemblée nationale ?

On a dit : « En face de l'ennemi et de son parti-pris de « démembrer la France, il n'y a pas à délibérer. Il faut « agir ! »

Ce langage était aussi ronflant qu'il était creux et insensé. On n'aurait pas été plus sûr de l'insuccès, si on

(1). Aisne, Ardennes, Aube, Haute-Marne, Marne, Meurthe, Meuse, Moselle, Rhin (Bas), Rhin (Haut), Seine-et-Marne, Vosges.

avait mis, au Palais-Royal, un homme ne connaissant ni Paris, ni la France, et si on lui avait dit: « Tu vas partir « pour Carpentras ! C'est pressé ! Il faut que tu y sois dans « deux jours ! Tu ne sais pas la route et tu n'es pas pré- « paré ! C'est égal ! Marche et ne va pas t'amuser à « demander ton chemin ! File sans perdre une minute ! Il « n'y a pas à bavarder, il faut agir ! »

Agir où ? Agir comment?

Avant d'agir, au contraire, il fallait délibérer sans turbulence comme sans hésitation. Il fallait délibérer avec la maturité d'un peuple viril et résolu, sous peine de n'agir que comme des écervelés, qui risquaient la vie de deux-cent-mille hommes, la fortune de tout le monde et le destin de leur patrie, sans se rendre compte ni des difficultés à surmonter, ni des ressources disponibles, sans se guider sur le passé pour préparer l'avenir, sans arrêter ni plan, ni règle, et sans tracer à chaque défenseur du pays une ligne de devoir convergeant vers le but commun de la délivrance.

On ne saura jamais ce qu'on a gaspillé d'intelligence, de force, de bonne volonté, de courage, d'abnégation et d'argent pour s'être jeté, à l'aventure, dans une résistance incohérente, où l'éparpillement des efforts n'a eu d'égale que l'incapacité de la plupart des chefs qui les dirigeaient, et qui, finalement, a mis la France à la discrétion d'une horde de rustres, avides et fanatisés, dont tout le mérite a été de savoir obéir à des gens qui avaient appris à commander.

On se demande comment, vis-à-vis de l'immense désastre qui nous menaçait, des hommes estimables, dont la vie entière avait été dévouée au triomphe du principe de la souveraineté populaire, ont pu être assez insouciants de leur responsabilité pour sauter à pieds joints par dessus ce principe, et comment ils ont pu, spontanément, songer à imposer l'arbitraire de leur inexpérience des affaires publiques et la stérilité de leur initiative militaire à un peuple qui a été si fécond en hommes d'état et en hommes de guerre ?

On dit que le pouvoir donne le vertige et que ceux qui en escaladent les cîmes, même les plus résolus et les plus clairvoyants, perdent la tête. Il faut bien le croire, puisque des esprits aussi éminents que les membres du Gouvernement de la défense nationale ont pu s'écarter des principes comme ils l'ont fait.

Pour le vote du pays comme pour la scission du Gouvernement, celui-ci a reconnu son erreur, car après avoir, en septembre, ajourné les élections qu'il avait lui-même décrétées, et, en octobre, chargé M. Gambettta d'ajourner celles que la Délégation avait, à son tour, ordonnées, il a cru devoir, en novembre, consulter les électeurs de Paris.

C'était finir par où on aurait dû commencer, et l'appel plébiscitaire, tardif et tronqué, fait au suffrage, dans la capitale, n'a pas sauvé la France.

GARDE NATIONALE SÉDENTAIRE.

Sous le second Empire, on craignait la garde nationale, et elle n'avait été conservée qu'exceptionnellement, très-exceptionnellement.

Après nos premiers revers, on s'est occupé de l'organiser partout, plutôt, sans doute, afin de donner une apparente satisfaction à l'opinion publique que pour créer une force réelle de résistance. Aussi, dans Eure-et-Loir, par exemple, c'est seulement le 4 septembre, le jour même où le Gouvernement impérial s'effondrait, qu'on procédait, dans chaque compagnie ou fraction de compagnie communale, à l'élection des chefs, en vertu des instructions du pouvoir déchu et de différentes lois. L'une d'elles, *votée pour Paris* par le Corps Législatif à l'agonie, édictait le *choix exclusif* des officiers parmi les anciens militaires. En même temps que c'était une étrange restriction apportée au droit du suffrage universel, c'était, dans beaucoup de communes rurales, circonscrire les candidats dans des limites si étroites qu'il ne s'y trouvait quasi que des illettrés.

D'ailleurs, rien n'avait été prescrit sur la composition des bataillons et des légions, ni sur la nomination des officiers supérieurs.

On peut dire que, le 4 septembre 1870, il n'existait quoi que ce fût de régulier en fait de garde nationale sédentaire et que le Gouvernement de la défense nationale n'a guère fait plus que son prédécesseur pour la création des forces locales. Le 10 septembre, les choses étaient encore dans un état si pitoyable qu'un habitant d'Eure-et-Loir écrivait en ces termes au Ministre de l'Intérieur :

« Dans nos campagnes, on essaye d'organiser la garde « nationale sédentaire, en vertu de différentes lois, plus ou « moins incompatibles entre elles et inapplicables dans « certaines de leurs dispositions. La milice qu'on forme « ainsi, n'ayant pas d'unité, sera sans force.

« Si le Gouvernement etc. »

Le 15 septembre, après avoir fait passer la limite d'âge de cinquante à cinquante cinq ans et, ensuite, de cinquante cinq à soixante ans, au risque d'avoir, dans les rangs, un quart de non-valeurs et cinq ou six fois plus d'hommes que de fusils, on a procédé, dans tous les cantons, suivant des instructions obscures, au groupement des compagnies en bataillons. Les commandants ont été nommés par les officiers déjà élus et par des délégués. On ne savait pas si on devait, oui ou non, prendre les titulaires parmi les anciens soldats ou si on pouvait les choisir librement. C'était un gâchis incroyable.

A St-Quentin, à Châteaudun et ailleurs, la garde nationale sédentaire a opposé une énergique résistance à l'ennemi. Sur ces points isolés, la vigueur de la milice locale a été le fait de quelques hommes résolus et non la conséquence d'une formation solide. En réalité, la garde nationale sédentaire n'a pris qu'une part insignifiante à la défense ; mais on peut affirmer que son action a été paralysée par sa mauvaise organisation. C'est une faute dont le poids retombe, en large proportion, sur le Gouvernement du Quatre Septembre.

APPEL EN MASSE.

On a commis une faute encore plus grave en différant l'appel de toutes les forces du pays et en persistant à créer, à côté de la *garde nationale mobile* déjà rassemblée, une *garde nationale sédentaire*, d'où on a, peu après, détaché la *garde nationale mobilisée*, composée, d'abord, des célibataires et des veufs sans enfants de moins de quarante ans et, plus tard, des veufs avec enfants et des hommes mariés, dans les mêmes limites d'âge.

On était aux prises avec une situation sans analogue dans l'histoire. Ce n'était pas le moment de procéder par des demi-mesures, et surtout par des mesures décousues et discordantes. Jamais on n'avait pu dire, avec autant d'actualité :

« Par la voix du canon d'alarme,
« La France appelle ses enfants. »

Il fallait donc se résigner à la *paix à tout prix* ou il fallait décréter, sans balancer, *l'appel en masse,* sous un nom quelconque : *garde de réserve, milice nationale,* n'importe, pourvu qu'on évitât la confusion avec la garde nationale mobile. On aurait fait des catégories d'appelés suivant l'âge et les charges de chacun, et naturellement on aurait réservé le service sédentaire à ceux que des nécessités de famille ou l'affaiblissement sénile rendaient moins disponibles.

L'appel en masse, sans phrases, immédiat et coordonné, n'aurait peut-être pas suffi pour nous tirer du gouffre où nous a jetés le régime impérial et pour ramener la victoire du côté de la justice; mais il aurait considérablement développé nos forces, et si, fatalement, le sort des armes nous était resté contraire, nous serions tombés sans donner le lugubre spectacle d'un peuple, naguère animé d'un élan irrésistible, réduit à épuiser son immense énergie dans le tumulte d'un impuissant désordre.

A PROPOS DES BALLONS.

Après l'investissement, les départements n'ont plus guère eu de nouvelles de Paris que par les ballons, qui n'ont pas tous réussi à franchir les lignes ennemies. A ce propos, on s'étonne qu'on n'ait pas pris la précaution de garnir les nacelles de toutes nos malles aériennes avec des prisonniers allemands, afin de dégoûter leurs malfaisants compatriotes de la manie de tirer sur nos courriers.

C'eût été de bonne guerre, car on n'aurait ainsi exposé au feu que de *véritables belligérants*, et c'eût été moral comme représailles des moyens usités par l'ennemi pour assurer la sécurité de ses convois de chemin de fer, dont il a fait monter les locomotives par des français qui, notoirement, ne portaient pas les armes.

LES ACTES DU GOUVERNEMENT ET CEUX DE SA DÉLÉGATION.

Le Gouvernement de la défense nationale et sa Délégation de province, qui n'ont pas su conduire la France à la victoire, l'ont conduite à des convulsions politiques dont la masse de la génération actuelle ne soupçonnait même pas la possibilité.

A quelque parti qu'on appartienne, on ne peut pas se dissimuler que, dès son origine, le Gouvernement du Quatre Septembre s'est arrogé une omnipotence qui a frayé la voie à toutes les prétentions de dictature qu'on a vu surgir depuis.

Pendant le siége de Paris, les actes du Gouvernement sont restés, à l'extérieur, enveloppés d'une obscurité qui n'a pas permis à la province de se faire une idée exacte des mesures prises. Elle les jugera plus tard. Au contraire, en dehors de la capitale, chacun a pu connaître et apprécier tous les actes de la Délégation.

Sous le rapport militaire, sous le rapport politique, et même sous le rapport administratif, la plupart de ces actes ont été malheureux. Nous examinerons les plus saillants.

GARDE NATIONALE MOBILISÉE.

A une autre époque, nous avions eu les régiments d'Auvergne, de Nivernais, de Picardie, etc. Plus tard, nous avons eu les légions du Cantal, de la Nièvre, de la Somme et autres analogues. C'était le temps du recrutement régional. Il offrait des avantages; mais il avait encore plus d'inconvénients et, sans les énumérer tous, il faut rappeler qu'il entretenait, avec la rivalité des provinces, une animosité traditionnelle entre les différents corps de troupes qui n'avaient pas la même origine. L'Autriche a payé cher le recrutement régional de ses forces militaires, système auquel on avait sagement renoncé pour l'armée française.

Le second Empire, qui ne craignait pas de semer la division, et qui se préoccupait plus de *chauviniser* le pays contre la liberté que de lui donner une organisation puissante contre l'étranger, n'avait pas hésité, lors de la création de la garde nationale mobile, à reconstituer des bataillons régionaux par départements et par arrondissements.

Ceux qui ont présenté aux Chambres la loi sur la garde

nationale mobile, soutenaient qu'elle mettrait, pour jamais, la France à l'abri de l'invasion. Nous avons cruellement expié l'illusion, réelle ou feinte, des apologistes de cette institution et ce n'était pas le cas de la copier au moment où on venait d'en éprouver si rudement les défauts. Cependant, la délégation du Gouvernement a disloqué, à deux reprises successives, la garde nationale sédentaire pour former des compagnies et des bataillons de garde nationale *mobilisée par province*. Ce fut une faute, et une faute d'autant plus grave que l'organisation de la nouvelle troupe, confiée aux Préfets, en dehors du Ministère de la guerre, est venue augmenter les complications qui ont compromis nos opérations militaires par une confusion sans pareille.

La garde nationale mobilisée, recrutée et rassemblée sur place, insuffisamment exercée par des instructeurs inhabiles ou trop peu nombreux, mal vêtue, mal équipée, mal ou peu armée, sans cohésion et dépourvue de cadres expérimentés, n'a utilement concouru à la défense du territoire que sur un petit nombre de points. Elle a condamné au désœuvrement des centaines de mille hommes pendant des mois. Elle a entraîné d'énormes dépenses, hors de toute proportion avec leurs résultats. En somme, elle a été une des plus grandes erreurs de la délégation de province.

ARBITRAIRE.

Le Gouvernement de la défense nationale, et sa Délégation de province, qui n'avaient pas de racine dans le pays, n'avaient d'autre raison d'être que de repousser l'invasion.

Le Gouvernement, on doit lui rendre cette justice, a compris son mandat, sous ce rapport. Il est resté au-dessous, c'est trop constant ; mais il a su éviter l'arbitraire et se mouvoir, autant que possible, dans le cercle des lois existantes, sans prétendre les réformer suivant son *bon plaisir*. Loin d'avoir été violent dans son administration, s'il a péché c'est par faiblesse.

La Délégation n'a pas été plus ferme que le Gouvernement, mais elle n'a pas eu le même tact, tant s'en faut, et, tandis qu'elle faiblissait à l'occasion de scandaleux abus, elle a usé, en d'autres circonstances, d'un arbitraire qui est devenu aussi funeste à la fusion du pays dans un unique sentiment de patriotisme, que malsain pour l'avenir du républicanisme en France.

On peut se persuader de la faiblesse de la Délégation, en se reportant aux instructions du Ministre de la guerre relatives au cantonnement et au campement des troupes. Une première circulaire avait tracé des règles sur cet objet, d'une importance capitale pour le succès de nos armes. Quelque temps après, une autre circulaire signalait de nouveaux abus, sans désigner personne, au risque de laisser planer le soupçon sur tous les commandements. Il aurait été infiniment plus digne et plus efficace de ne pas ménager les chefs de corps répréhensibles et, au besoin, de les mettre à l'ordre de l'armée, que d'afficher, en face de l'ennemi, qu'il y avait des centres de rassemblement où les ordres ministériels n'étaient pas respectés.

Quant à l'arbitraire, il s'est produit dans l'armée, dans la marine et dans les finances, où on ne pouvait pas l'éviter, et si l'impulsion générale avait été féconde, dans ces branches de l'administration publique, quelques mesures discutables de plus ou de moins ne justifieraient pas une critique sévère. Mais, où l'arbitraire a pris une place déplorable, c'est dans la politique du pays. Rien ne devait être innové aux lois existantes, puisque la Délégation de province n'était qu'un pouvoir *exécutif* et non un pouvoir *législatif*, moins encore un pouvoir *constituant*. Le rôle de la Délégation devait donc se borner à faire marcher les affaires publiques, jusqu'à la convocation d'une assemblée nationale, en s'abstenant, avec le soin le plus scrupuleux, d'engager l'avenir par des coups d'autorité. Ce rôle, la Délégation, soit qu'elle ne l'ait pas compris, soit qu'elle n'ait pas voulu s'y résigner, elle ne l'a pas rempli.

Sans s'arrêter ni au système adopté par la Délégation pour ses communications officielles au pays, qui n'a, le plus souvent, été instruit des nouvelles graves que par la rumeur publique, ni aux suspensions de journaux, ni à d'autres détails accessoires, il faut s'appesantir sur trois points, qui sont :

1° La dissolution partielle des conseils municipaux électifs et leur remplacement par des commissions à la discrétion des Préfets.

2° La dissolution des conseils généraux en bloc.

3° La révocation de plusieurs magistrats *inamovibles*, qui avaient fait partie des commissions mixtes instituées pour juger les *suspects*, après le 2 décembre 1851.

Substituer une commission nommée par le Préfet à un conseil municipal régulièrement élu, c'était établir, tacitement, qu'on entendait ne pas s'appuyer sur la volonté des citoyens librement exprimée. Il saute aux yeux, en effet, que, dans chaque commune où, pour n'importe quel motif, on pouvait être conduit à dissoudre le conseil municipal, rien n'empêchait d'insérer dans le dispositif de l'arrêté même de dissolution, un article convoquant les électeurs à bref délai, quarante-huit heures par exemple, de façon à ne laisser quasi aucun intervalle entre la dissolution de l'ancienne assemblée et la réunion de la nouvelle. Dès lors, ne pas recourir au vote pour réformer le pouvoir local, c'était constater qu'on ne voulait pas du suffrage.

La dissolution, en bloc, des conseils généraux a encore été plus agressive envers la souveraineté populaire que la dissolution partielle des conseils municipaux. En outre, elle a eu pour effet de proclamer que la Délégation prétendait soustraire l'autorité de ses Préfets au contrôle du pays et livrer les intérêts publics à l'arbitraire du personnel dont elle disposait, puisque, de fait, rien n'a été substitué à la surveillance confiée aux assemblées départementales.

La dissolution de ces assemblées a été un véritable défi jeté à la nation.

Enfin, qu'on discute l'inamovibilité tant qu'on voudra. Rien de mieux! Qu'on la blâme. C'est un droit! Qu'on la supprime. La nation le peut! Mais, tant qu'il existe une loi fondamentale qui la consacre, oser employer un biais pour la battre en brèche par une mesure d'exception comme celle qui a frappé quelques magistrats inamovibles, complices du *Deux Décembre*, c'est une faute presque criminelle.

Et à quoi la Délégation a-t-elle abouti avec cette mesure

boiteuse? Elle a forcé le gouvernement qui lui a succédé à la dementir et à rentrer dans la légalité en abrogeant les décrets de révocation, ce qui a été un nouveau coup porté au *principe d'autorité*, déjà si ébranlé en France.

La Délégation pouvait atteindre les magistrats qu'elle croyait coupables, soit en les traduisant devant leurs juges naturels, pour crime de forfaiture, soit en les stigmatisant dans une circulaire officielle, où le Garde-des-Sceaux, divulguant la nature des services qui leur avaient valu les faveurs impériales, les aurait flétris par une espèce de mise *à l'ordre de la magistrature*.

Tel a été, dans la circonstance, l'aveuglement du pouvoir ou l'emportement de sa passion, qu'au lieu de briser, par une mesure légale, l'avenir des magistrats incriminés, il les a posés en victimes de l'arbitraire et leur a fait une si forte position, qu'après lui avoir ouvertement et impunément rompu en visière, ils ont été, tout au moins par provision, maintenus sur leurs siéges.

ATTENTAT AU SUFFRAGE UNIVERSEL.

Jusqu'à la chute prévue de la capitale, le Gouvernement central et sa Délégation de province ont semblé marcher en parfaite harmonie. Aussitôt la capitulation de Paris, l'accord s'est détruit et des dissentiments profonds sont nés au sein du pouvoir qui venait, sans succès, d'essayer de sauver la France.

Il y a des personnes qui pensent que la défense de Paris a été molle et que la province, au contraire, s'est vigoureusement montrée.

Toujours est-il qu'après avoir maintenu dans le calme et défendu, pendant *cent quarante jours*, une ville de *deux millions* d'âmes, après lui avoir donné l'exemple de toutes les résignations, après avoir soutenu le bombardement un mois, n'ayant plus ni bois, ni charbon, ni viande, et ayant mangé son dernier sac de farine, le Gouvernement a cru dovoir se rendre.

La Délégation qui, à la tête d'une population d'au moins vingt-cinq millions d'hommes et avec d'énormes dépenses, n'avait pas pu parvenir à rassembler une armée capable de débloquer Paris, a trouvé que cette cité manquait de patience et qu'elle ne donnait pas à la province assez de temps pour venir, à son heure, la secourir. Dans une proclamation du 31 janvier 1871, qui restera célèbre, M. Gambetta n'a pas hésité à formuler, comme il suit, l'opinion de la délégation dont il était l'homme agissant, sinon le chef:

« On a signé à notre insu, sans nous avertir, sans nous « consulter, un armistice dont nous n'avons connu que « tardivement la coupable légèreté. . . . »

Il n'était pas possible d'être plus net et de fustiger plus sévèrement des hommes qui venaient de passer *cent-quarante jours* à faire endurer, à deux millions d'individus, les privations d'un affreux siège, dans l'espoir qu'un pigeon leur apporterait la nouvelle de la délivrance.

A partir de la proclamation du 31 janvier, la divergence qui venait d'éclater entre le Gouvernement et sa Délégation s'est accusée chaque jour davantage et aurait amené, dès lors, la guerre civile, si le pays, à bout de force, n'avait pas été, pour le moment, las de toute espèce de guerre.

C'est sur la question électorale que le conflit s'est engagé, à fond, entre le Gouvernement et sa Délégation.

Dans un décret du 29 janvier 1871, le Gouvernement a posé les bases de l'élection du 8 février pour la nomination des membres de l'assemblée nationale. Le décret, par tradition, déclarait les préfets en activité de service inéligibles et c'était déjà trop, car le *pouvoir exécutif*, constitué le 4 septembre 1870, ne *pouvait,* sous aucun prétexte, imposer des restrictions au libre choix des électeurs. La volonté nationale se donne des lois. Elle n'en reçoit pas !

Dans un décret postérieur, du 31 janvier, la Délégation procéda autrement que le Gouvernement.

De sa propre autorité, elle décida qu'elle interdisait au peuple français le droit de choisir ses mandataires parmi les hommes de quelque notoriété qui avaient appartenu au second Empire.

La lutte s'ouvrit. La Délégation tint bon. M. le comte de Bismark s'en mêla. Le Gouvernement ne lâcha pas. Finalement, la nation demeura maîtresse de donner sa confiance à qui elle voudrait et force resta au bon sens, ce qui détermina M. Gambetta à se retirer et la Délégation à disparaître.

Si on considère froidement le décret du 31 janvier de la Délégation qui, sainement apprécié, n'était pas autre chose qu'un *attentat* contre le suffrage universel, on est encore plus surpris de son insigne maladresse que de sa culpabilité.

En laissant à la France toute l'indépendance de ses votes, on a vu, à la séance où la chambre, aiguillonnée par des paroles de M. Conti, s'est prononcée sur la déchéance de la dynastie des Bonaparte, que sur *sept-cent-cinquante* députés, il y en avait *sept ou huit*, soit *un pour cent*, qui redemandaient l'empire.

Est-ce assez éloquent ?

Sans la liberté illimitée du choix des représentants qui aurait jamais cru que le Gouvernement impérial fût tombé si bas dans l'opinion publique ? Personne !

Si le décret du 31 janvier avait été appliqué, on aurait soutenu, de bonne foi ou non, que l'Assemblée nationale n'était aussi hostile au vaincu de Sedan et à sa lignée qu'à cause des lisières imposées aux électeurs par la Délégation de province.

Le destin n'a pas voulu qu'une si triste équivoque pût survivre aux désastres de la France et, aujourd'hui, dans le monde entier, on sait que la nation répudie, pour l'avenir, toute solidarité avec la famille qui, par deux fois différentes, a étouffé, chez nous, les aspirations du libéralisme sincère.

Mais si la vérité s'est faite publique, indiscutable, éclatante, ce n'est pas à la Délégation du gouvernement de la défense nationale qu'il faut attribuer le mérite de l'avoir mise en relief.

LA GUERRE.

La guerre qui vient de finir nous a coûté *dix milliards*. Elle a coûté la vie à *cinq-cent-mille hommes*. Elle a coûté l'indépendance à la Lorraine et à l'Alsace. C'est la plus grande *ribote monarchique* des temps modernes, et le mot *ribote* n'a, ici, rien d'impropre, car le *vin*, principalement le *vin fin*, et surtout le *vin mousseux*, a tenu, pendant toute la campagne, tant de place dans le cerveau des allemands, qu'il est permis de croire que, pour eux, l'invasion en France était moins une *affaire d'honneur* qu'une *affaire de boisson*.

La guerre de 1870-71 a été une calamité pour la France. Elle restera une honte pour l'Humanité.

Le Gouvernement français l'a déclarée à propos d'une intrigue dynastique dissimulée sous l'apparence d'un intérêt public, et dès son début elle a été déloyale.

Le Gouvernement prussien, et ses alliés, l'ont poursuivie sans plus de loyauté, par des moyens que la civilisation réprouve à bon droit.

Elle s'est terminée par un traité de paix empreint d'une rapacité inouïe et d'un mépris de l'espèce humaine qui atteste l'absence de moralité chez ceux qui l'ont dicté sans respecter, dans les autres, leur propre dignité.

Dans sa dernière guerre, la France a été vaincue comme elle a été victorieuse à d'autres époques : *Par les principes*. Ceux-ci, méconnus de ses gouvernants, ont été retournés contre elle, avec une adroite perfidie, par ses ennemis, espèces *d'industriels militaires* qui ont profité de l'occasion pour la pressurer sans vergogne.

L'Empereur Napoléon III a entrepris la guerre contre le gré de la masse de la nation, c'est parfaitement avéré.

En attaquant, avec deux-cent-cinquante-mille hommes, des ennemis qui se préparaient depuis plus de quatre ans, au su et au vu de tout le monde, et qui sont entrés en campagne avec le double de notre armée, le Gouvernement français a follement défié la fortune.

En menaçant l'indépendance de l'Allemagne par une déclaration de guerre aussi injuste que malavisée, qui a enflammé nos ennemis d'un légitime patriotisme et imprimé à leur élan un ensemble dont le résultat a été de précipiter successivement, sur nous, un effectif total approchant de douze-cent-mille hommes, le Gouvernement impérial nous a condamnés à des revers que nous avons fatalement et lamentablement subis. Pour nous les épargner il aurait fallu des prodiges. Le Gouvernement de la défense nationale et sa Délégation n'ont pas su les faire.

Il n'est donc pas besoin de chercher la cause du triomphe des allemands dans leur valeur, qui se réduit à une discipline mécanique entée sur le fanatisme national bien entretenu ou dans le génie de leurs chefs, qui ne dépasse pas les bornes d'un esprit laborieux, observateur, méthodique, retors, cupide, tenace et brutal.

Dans cette pitoyable guerre, nous n'avons pas même la mesquine consolation d'avoir été vaincus par des troupes d'élite, car il s'en faut que les allemands ressemblent à rien de supérieur. Il y a, dans la race blanche de la blonde Germanie, quelque chose de la bestiale ingénuité du nègre. Un exemple parmi des milliers.

On a vu, en Beauce, d'énormes cuirassiers allemands, fascinés par des sucres d'orge et des macarons en pâte colorée, imitant le carton, exposés dans de poudreux bocaux à la fenêtre d'une petite épicerie de village, mettre pied à terre, au risque d'attraper une balle de franc-tireur, pour piller, en passant, ces grossières friandises et les manger avec ce sourire silencieux et soutenu qui personnifie la niaiserie.

Il faut, au surplus, que les hommes de cette race soient bien épais, puisque, malgré l'instruction incontestable dont ils sont presque tous affublés, leur sens moral est si atrophié qu'ils se divertissent des inepties les plus puériles, à tel point qu'ils trouvent du dernier plaisant de faire leurs ordures partout, éternelle facétie qui les mesure.

C'est encore cette atrophie du sens moral qui leur donne leur inconsciente cruauté. Ils sont malfaisants pour s'amuser comme le loup, qui ne se borne pas à tuer le mouton qu'il veut dévorer, mais qui étrangle, pour son plaisir, tous ceux qu'il peut attraper. Ils mettent le feu à une ferme pour savourer la jouissance de la regarder brûler, toujours avec ce même sourire niais qui est un des traits caractéristiques de leur attitude. A l'incendie de Châteaudun, pendant que des vieillards, des femmes, des enfants, périssaient asphyxiés dans des caves, il y avait jusqu'à des officiers qui se délectaient à voir les flammes dévorer les maisons. Il va sans dire que des natures pareilles deviennent d'une férocité impitoyable, quand le ressentiment les anime. A ce même incendie de Châteaudun, des observations ayant été faites, à des bavarois, sur la barbarie de leur vengeance, par un vieux soldat retraité, presque octogénaire, le capitaine Michaut, ils l'ont assassiné et jeté dans le feu. C'est du Troppmann tout pur.

Les allemands, exploités par une aristocratie besogneuse, sont misérables. Chaque année, malgré leur amour du sol natal, ils émigrent par centaines de mille. Ils partent en famille, emportant sur le dos le peu qui leur reste, et vont chercher, en Amérique, le bien-être qu'un militarisme abrutissant a banni de leur pays. Ainsi que tous les individus des races dénuées d'intelligence, ils sont enclins au vol et dérobent volontiers des faux toupets, des brosses à dents, des dominos, des anneaux de cuivre simulant l'or et autres bagatelles, comme les polynésiens volaient des boutons d'habits aux matelots du capitaine Cook. Ils dérobent aussi, à l'occasion, des objets précieux. Les officiers allemands, gens de réflexion, très-pratiques, qui possèdent, à fond, le naturel de leurs soldats, mettent à profit leurs instincts de rapine pour s'approvisionner d'une foule de choses. Ils utilisent également ces instincts pour exciter leurs hommes à la guerre, en leur procurant beaucoup d'agrément à peu de frais, et pour affaiblir leurs ennemis par l'application raisonnée d'un vaste système de déprédation.

Dans la guerre de 1870, la France a été ravagée par la nation des *reîtres* et des *lansquenets* plus instruite, mais ni plus courtoise, ni plus généreuse, ni plus civilisée qu'au temps des *routiers* de l'ancien empire germanique, aujourd'hui restauré à neuf.

Entre le nouvel Empereur d'Allemagne et le dernier Empereur des français, il y a un rapprochement assez curieux.

Avec l'assentiment au moins tacite de Guillaume Ier, Napoléon III a délivré la Lombardie de la domination autrichienne, en 1859.

Avec le concours de Napoléon III, Guillaume Ier a délivré la Vénétie, en 1866.

En 1870, Guillaume Ier et Napoléon III se sont pris de

querelle et leur discord a refait, avec la Lorraine et l'Alsace, une Lombardie et une Vénétie françaises.

Voilà comment les monarchies garantissent la sécurité des peuples !

Quand on songe qu'en plein dix-neuvième siècle, deux nations de quatre-vingt-millions d'hommes civilisés, ou réputés tels, ont pu ainsi se ruer l'une sur l'autre, suivant le *bon plaisir* des deux chefs placés à leur tête pour leur *bonheur ;* que la nation provocatrice n'avait aucun motif plausible de provocation ; que, malgré son prestige militaire reconnu, elle a été battue si complétement qu'elle a eu jusqu'à cinq-cent-cinquante-mille hommes prisonniers chez l'ennemi, ou internés chez des puissances neutres ; que la nation provoquée, victorieuse, n'a pas craint, dans toute la sécurité que donne la force et dans toute la splendeur du triomphe, d'abuser de sa victoire pour commettre les actes les plus odieux de violence, de pillàge, d'extorsion, de dévastation et de conquête, on se demande si on n'est pas le jouet d'une illusion sinistre ?

Mais non ! C'est bien la terrible réalité, telle que l'ont faite Sa Majesté l'Empereur d'Allemagne et Sa Majesté l'Empereur des français.

Si le régime impérial a été l'instrument immédiat de nos désastres, il n'en a pas été l'unique artisan. Ceux qui ont nommé, au 10 décembre 1848, le prince Louis-Napoléon, président de la République française, comme ceux qui, le 4 septembre 1870, lui ont pris le *pouvoir personnel* pour ne pas mieux s'en servir, ont travaillé, avec lui, à notre perte. Tous partageront devant l'histoire, chacun dans la mesure de ses actes, la responsabilité de la guerre de 1870 et de ses funestes conséquences.

Parmi les hommes de 1848, qui survivent, il en est qui doivent amèrement se repentir. Ce sont ceux qui ont voté pour le prince Louis-Napoléon dans la conviction qu'il culbuterait la République et dans l'espoir qu'entraîné par la catastrophe, il livrerait la place toute préparée pour une restauration royaliste. Ceux-là, ils ont joué le destin de la France sur un coup de tête ! Les événements qui la désolent actuellement sont en partie, en grande partie, leur œuvre. Qu'ils soient l'impérissable châtiment de leur malsaine combinaison !

CONCLUSION.

Que va devenir la France, après la secousse qui vient de l'ébranler jusque dans les bases de son organisation sociale ?

Descendra-t-elle à l'état de simple *expression géographique*, comme le vieux prince de Metternich disait en parlant de l'Italie?

Redeviendra-t-elle Royale ou Impériale?

Restera-t-elle en République ?

C'est un problème plus facile à poser qu'à résoudre.

En France, ce ne sont pas les idées, ce sont les caractères qui manquent. Il n'y a plus *d'hommes*. A mesure que ceux qui ont fait, pendant la grande révolution et depuis, la force du pays ont disparu, la virilité s'est éteinte.

Sans parler des génies qui ont illustré la fin du dernier siècle et le commencement de celui-ci, la nation, alors, était riche, dans tous les partis, en esprits solides et judicieux qui ne se payaient ni de mots, ni d'apparences et qui étudiaient sérieusement les questions. Après avoir proclamé, pour ainsi dire d'un commun accord, les *principes de quatre-vingt-neuf*, notamment dans la nuit du *quatre août*, ils ont été ballotés entre les excès de la dictature collective de la convention, les abus du despotisme militaire du premier empire et les maladresses de la réaction légitimiste ; mais, soit qu'ils aient pris une part active aux affaires publiques, soit qu'ils aient agi indirectement, par l'ascendant moral qu'ils avaient su conquérir autour d'eux, ils ont toujours conservé assez d'influence sur la marche des événements pour préserver leur patrie des désastres dont nous sommes devenus les auteurs et les victimes.

Malheureusement, ces hommes de conviction, trop occupés d'agir, se sont trop peu occupés de perpétuer la trempe de leur esprit. Presque tous s'étaient formés seuls, sous le souffle fécond d'une époque de rénovation sociale. Ils ont cru que leurs fils feraient comme eux et, négligeant leur éducation comme un détail, ils ont livré, les uns à l'enseignement universitaire, où ils sont tombés au pouvoir des maitres d'étude que chacun a connu, et, les autres, à l'enseignement clérical qui ne valait pas mieux. Ils ont, ainsi, produit une génération de charlatans, sans consistance et sans conviction, gouailleurs, personnels, ambitieux, dont la grande préoccupation est de se surfaire, n'attachant de prix qu'à la forme, sans s'inquiéter du fond (1) et ne reculant guère devant les moyens qui peuvent aboutir au succès.

Ce qui fait, aujourd'hui, la faiblesse de la France, c'est qu'elle est une pépinière de *poseurs*, de *blagueurs*, de *farceurs*. Ils n'ont d'autre culte que celui de leurs convoitises. Ils sont, tous, plus ou moins bacheliers. Ils ont perfectionné leurs études littéraires, scientifiques et politiques dans les revues et dans les journaux. Ils sont aussi aptes à être ministre, qu'administrateur de chemins de fer ou chanteur de chansonnettes. Ils débitent de ridicules théories qu'ils émaillent de sentences, en manière de formules, du genre de ceci :

« Le libre échange, c'est la vie à bon marché. »

« La protection du travail national, c'est la fortune des « classes laborieuses. »

« Le Rhin c'est la paix. »

« L'Afrique, c'est la France de l'avenir. »

« Plus grande est la dette d'une nation, plus elle est « riche. »

« Il n'y a pas de principe absolu. »

Et tant d'autres.

(1) Nous avons la croix d'honneur, la médaille militaire, les médailles de sauvetage, de dimensions et de métaux variés, les médailles de Ste-Hélène, de Crimée, d'Italie, de Chine, du Mexique, etc. Un jour de fête, chamarrés de toutes ces distinctions, nous avons un grand air.

C'est en remplissant son *devoir* qu'on acquiert le *droit* de participer aux bienfaits de l'organisation sociale de son pays, et pour qu'un peuple soit fort, il faut que chacun de ses citoyens connaisse son *devoir*, et y soit fidèle, avant d'exiger qu'on respecte son *droit*.

En France, de nos jours, quand un malavisé parle du *devoir*, on lève les épaules et c'est tout au plus si on ne le traite pas de *jobard*.

Les *principes*, aussi, sont devenus gênants pour notre époque de *conciliation pratique*, et on transige habituellement avec eux. A présent, un *homme à principes*, ce qui n'est pas commun, c'est quelque chose comme un *fossile*.

Quant à la *pudeur*, elle est nécessairement rare dans un pays où il n'y a plus ni principes, ni devoir. Si on veut savoir à quoi elle est réduite, il suffit de réfléchir à tous les frais que font des honnêtes femmes pour ressembler à des *cocottes*.

On a beau se boucher les yeux et les oreilles, afin de ne pas voir les faits et de ne pas entendre la vérité, depuis trente ans et plus, la nation française semble avoir pris à tâche de renier les traditions qui l'ont maintenue, jusqu'à nous, aux premiers rangs de la civilisation, et les grands hommes, dont le prestige l'a plus protégée, contre ses ennemis, que les *merveilles* des fusils Chassepot et le *vacarme* des canons rayés.

Il est grand temps que le peuple français s'arrête sur la pente où il glisse, et qu'il retrempe sa dignité en donnant à sa jeunesse une éducation substantielle qui en fasse des *hommes* au lieu d'en faire des *gavroches*, des *jocrisses* et des *crevés*, sinon il risque fort, après avoir été mutilé par les allemands, de tomber dans un état de désagrégation analogue à celui où les italiens viennent de végéter des siècles.

Comme un malade torturé par de violentes douleurs, à la suite d'une folle imprudence, s'en prendrait à sa garde, à ses médecins, à ses proches, à ses amis, aux importuns, la France, sous l'étreinte des allemands et sous la menace des communistes de Paris, crie, aujourd'hui, non sans motif, contre le second Empire, contre le Gouvernement du Quatre Septembre, contre sa Délégation, contre les puissances neutres, contre ses bourreaux du dehors et du dedans.

Le second Empire est tombé, le Gouvernement du Quatre Septembre aussi, sa Délégation aussi, les puissances neutres font la sourde oreille, les allemands sont vainqueurs et les communistes de Paris ne paraissent pas disposés à comprendre la raison.

Les cris de la France n'aboutiront donc à rien.

Ce qu'elle doit faire, c'est de se recueillir, d'examiner le passé avec réflexion, d'y voir les aberrations qui l'ont graduellement abaissée où elle est, et de n'y plus retomber.

Elle les évitera en moralisant les masses par un enseignement étendu et rationnel et en consolidant son UNITÉ par de larges institutions démocratiques, qui ne seront fortes que si elles sont véritablement libérales.

FIN.

TABLE.

www.ingramcontent.com/pod-product-compliance
Lightning Source LLC
LaVergne TN
LVHW010043230826
846091LV00005B/1852

* 9 7 8 2 0 1 2 9 4 1 2 7 4 *